Mi biblioteca de Ciencias Biológicas

Las necesidades de los animales

Lisa J. Amstutz y Alma Patricia Ramirez

Rourke™

ANTES Y DURANTE LAS ACTIVIDADES DE LECTURA

Antes de la lectura: *Desarrollo del conocimiento del contexto y el vocabulario*

El construir el conocimiento del contexto puede ayudar a los niños a procesar la información nueva y usar de base lo que ya saben. Antes de leer un libro, es importante utilizar lo que ya saben los niños acerca del tema. Esto los ayudará a desarrollar su vocabulario e incrementar la comprensión de la lectura.

Preguntas y actividades para desarrollar el conocimiento del contexto:

1. Ve la portada del libro y lee el título. ¿De qué crees que trata este libro?
2. ¿Qué sabes de este tema?
3. Hojea el libro y echa un vistazo a las páginas. Ve el contenido, las fotografías, los pies de las ilustraciones y las palabras en negritas. ¿Estas características del texto te dan información o predicciones acerca de lo que leerás en este libro?

Vocabulario: *El vocabulario es la clave para la comprensión de la lectura*

Use las siguientes instrucciones para iniciar una conversación acerca de cada palabra.

- Lee las palabras del vocabulario.
- ¿Qué te viene a la mente cuando ves cada palabra?
- ¿Qué crees que significa cada palabra?

Palabras del vocabulario:

- *branquias*
- *hábitat*
- *predadores*
- *refugio*

Durante la lectura: *Leer para obtener significado y entendimiento*

Para lograr la comprensión profunda de un libro, se anima a los niños a que usen estrategias de lectura detallada. Durante la lectura, es importante hacer que los niños se detengan y establezcan conexiones. Esas conexiones darán como resultado un análisis y entendimiento más profundos de un libro.

Lectura detallada de un texto

Durante la lectura, pida a los niños que se detengan y hablen acerca de lo siguiente:

- Partes que sean confusas
- Palabras que no conozcan
- Conexiones texto a texto, texto a ti mismo, texto al mundo
- La idea principal en cada capítulo o encabezado

Anime a los niños a usar las pistas del contexto para determinar el significado de las palabras que no conozcan. Estas estrategias ayudarán a los niños a aprender a analizar el texto más minuciosamente mientras leen.

Cuando termine de leer este libro, vaya a la última página para ver una **Actividad para después de la lectura**.

Contenido

Sobrevivir

¿Qué necesita un animal?

¿Qué lo ayuda a vivir y crecer?

Necesidades básicas

¡Ñam! Todos los animales necesitan comida.

Algunos comen plantas. Otros comen carne.

¿A veces te da sed? A los animales también. Necesitan agua fresca para beber.

Los animales necesitan aire puro
para respirar.

Algunos animales respiran con pulmones. Otros usan **branquias**.

branquias

Los animales deben estar calientitos.
¡Pero no demasiado calientes!

Algunos animales se asolean. Otros se quedan a la sombra.

Un lugar para vivir

Todos los animales necesitan un lugar para vivir.

El hogar de un animal se llama **hábitat**.

Los animales necesitan espacio para moverse y buscar comida.

¡Salta!

Los animales necesitan **refugio** del sol y las tormentas.

Necesitan un lugar seguro para dormir. *¡Chss!*

Los animales que son presas deben esconderse de los **predadores**.
Un arbusto o un agujero pueden ser lugares para esconderse.

¡Algunos predadores se esconden para acercarse sigilosamente a la presa!

Glosario fotográfico

branquias (bran-quias): Órganos cerca de la boca de un pez que le permiten respirar tomando el oxígeno del agua.

hábitat (há-bi-tat): El lugar donde normalmente se encuentra un animal o planta.

predadores (pre-da-do-res): Animales que viven cazando y comiendo otros animales.

refugio (re-fu-gio): Un lugar que da protección del mal tiempo o del peligro.

Haz una casa para un sapo

Haz una casa cómoda para un sapo con una maceta vieja. Colócala en un lugar sombreado cerca de tu casa o jardín.

Materiales

maceta de barro

pintura o marcadores

pala

plato poco profundo

Instrucciones

1. Decora tu maceta con la pintura o los marcadores.
2. Escarba con la pala un agujero en un área húmeda y sombreada.
3. Coloca la maceta de lado en el agujero. La mitad debe estar enterrada.
4. Llena la mitad de abajo de la maceta con tierra. Aplánala con firmeza.
5. Coloca el plato cerca. Llénalo con agua. ¡Espera a que un sapo se mude a vivir ahí!

Índice analítico

Acerca de la autora

Lisa J. Amstutz es autora de más de 100 libros infantiles. A ella le gusta aprender acerca de las ciencias y compartir datos divertidos con los niños. Lisa vive en una pequeña granja con su familia, dos cabras, una parvada de gallinas y una perrita llamada Daisy.

Actividad para después de la lectura

Escribe una lista de lo que necesita cada persona o animal para sobrevivir. Luego, ¡haz una canción acerca de las cosas en tu lista! Cántala con la música de tu canción favorita.

Library of Congress PCN Data

Las necesidades de los animales / Lisa J. Amstutz
(Mi biblioteca de ciencias Biológicas)
ISBN 978-1-73165-293-5 (hard cover)(alk. paper)
ISBN 978-1-73165-263-8 (soft cover)
ISBN 978-1-73165-323-9 (e-book)
ISBN 978-1-73165-353-6 (e-pub)
Library of Congress Control Number: 2021952372

Rourke Educational Media
Printed in the United States of America
01-2412211937

Editado por: Laura Malay
Portada y diseño de interiores: Nicola Stratford
Traducción: Alma Patricia Ramirez

Photo Credits: Cover logo: frog © Eric Phol, test tube © Sergey Lazarev, cover tab art © siridhata, cover photo © Nick Biemans, cover title art © Vitaliy belozerov, page background art © Zaie; page 4-5 © clickit; page 6 © LouieLea, page 7 © Wild At Art; page 9 © symbiot; page 10 © Shevs, page 11 © Greg Amptman; page 12 © Jim Cumming, page 13 © samray; page 15 © Sergey Uryadnikov; page 17 © Kelp Grizzly Photography; page 18 © Kelp Grizzly Photography, page 19 © Coatesy; page 20 © Paul Reeves Photography, page 21 © Ethan Daniels All images from Shutterstock.com